CONFÉRENCES PUBLIQUES DE TARBES

8 MAI 186|9.

EUGÉNIE ET MAURICE DE GUÉRIN

Par M. CHARAUX

PROFESSEUR AU LYCÉE.

TARBES

TH. TELMON, IMPRIMEUR DE LA PRÉFECTURE.

1869.

EUGÉNIE ET MAURICE DE GUÉRIN

Par M. CHARAUX

Professeur au Lycée.

I.

LE CAYLA.

« Il en est de certaines âmes comme de certains monuments de l'art, dont la beauté est si simple, qu'elle ne saisit pas d'abord le regard et n'émeut pas le cœur. Tout y est naturel, bien ordonné ; rien n'y sent l'effort ni la recherche. Rien n'y brille pour ainsi dire. C'est une impression ou plutôt une méprise de ce genre dont je fus un instant le jouet, quand mes yeux tombèrent sur les œuvres tant vantées d'Eugénie de Guérin. J'y vis, comme dans un miroir poli, une âme bien réglée, un esprit juste, un style facile et agréable, une piété sincère, mais qui n'est pas encore si rare, rien de très original, point de mouvement ni de passion ; un froid me saisit. Je poursuivis cependant.

« De la vie tumultueuse, libre et banale du monde, je passai insensiblement dans un autre petit monde, dont je n'avais pas perdu la mémoire, monde intime, où les détails d'intérieur prennent plus d'importance que ceux de la politique, où les nouvelles du bourg voisin font sensation ; où l'église, le curé, le pauvre tiennent une grande place ; je me retrouvais au sein de la famille, où l'on s'aime beaucoup dans un étroit espace, où l'uniformité apparente de la vie cache une variété de sentiments doux et bons, des âmes élevées et des œuvres sublimes quand Dieu y habite. Je commençais à m'y plaire et à me souvenir. J'étais installé de cœur en plein midi, au Cayla, dont Eugénie nous a fait une simple description que voici :

« Nos salons tous blancs, sans glace, ni trace de luxe aucun, la salle à manger avec un buffet et des chaises, deux fenêtres donnant sur le bois du nord, l'autre salon à côté avec un grand et large canapé, au milieu une table ronde, des chaises de paille, un vieux fauteuil en tapisserie où s'asseyait Maurice, un meuble sacré. Deux portes à vitre sur la terrasse, cette terrasse sur un vallon vert où coule un ruisseau, et dans le salon une madone avec son enfant Jésus, voilà notre demeure, assez riante, où ceux qui viennent se plaisent, qui me plaît aussi, mais tendue de noir, dedans, dehors ; partout j'y vois un mort ou je le cherche. »

Eh! quoi, chers auditeurs, à peine avez-vous, avec moi, passé le seuil du rustique château, que déjà résonne à vos oreilles un mot funèbre! Triste sujet pour vous plaire ! Mais de quoi puis-je vous entretenir sans que la mort y mêle son nom! Quelle vie petite ou grande, obscure ou glorieuse, ne la renferme pas dans son drame ! Quelle histoire plaisante peut nous arrêter long-temps et nous convenir ! N'avons-nous pas dans le fond du cœur je ne sais quoi de malheureux qui nous fait volontiers donner l'hospitalité au malheur et nous permet de goûter au récit des infortunes de l'homme, un charme mystérieux et con-solant !

II

EUGÉNIE.

Le château du Cayla, à quelques lieues de Gaillac, dans le Tarn, et tout près du village d'Andillac, comptait, il y a plus de trente années, quatre pacifiques habitants. M de Guérin, le chef de la famille, doux patriarche, à la figure un peu attristée, moins par la chute des ans que par la mort de sa compagne ; Erembert, digne garçon qui représentait l'élégance de Gaillac dans la solitude du Cayla ; Marie aux joues fraîches, la Provi-dence visible de la communauté, l'industrieuse ménagère, l'in-dispensable ministre de l'ordre intérieur, qui remporte chaque jour des victoires d'économie et enrichit, jusqu'à permettre la générosité, l'aisance modeste du Cayla ; bonne, silencieuse, aimante, elle agit, elle est heureuse sans bruit. A ses côtés paraît Eugénie que j'avais crue d'abord enfermée sous la coiffe d'une dévotion précieuse. Je l'ai reconnu et je le reconnais ; c'était une erreur. Elle occupe une grande place dans la maison ; elle a le génie plus délié, le caractère plus vif, l'esprit plus alerte, mieux avisé, l'imagination plus riche. C'est la dame de céans, la reine du conseil..... elle manie également bien le fuseau, l'aiguille, la plume et la langue sans médire..... elle est chétive et pâle, mais bonne et forte de cœur ; son amour ingénieux s'attache à tout, aux absents d'abord, au frère qui est si loin, à sa bonne mère qu'elle a vue s'éteindre, non seulement à ses parents, mais à l'agneau à la blanche toison, au nuage, à la perdrix blessée qui vient chercher un asile dans sa chambrette, à la tourterelle qu'elle a élevée, au poulet malade, au chien Trilby, au feu qui fait rêver, au vent qui soupire au dehors, erre dans l'imagination et rend l'âme triste. Elle a en même temps le cœur mélancolique et l'esprit vif ; elle est tout sentiment et tout activité. La nature a pour elle un charme inexprimable ; elle en jouit sous tous ses aspects ; douée d'une imagination flexible, elle ne goûte pas moins l'hiver que le printemps ; en un mot, elle aime ; et son amour lui donne une vue plus profonde de la nature : tout en elle, autour d'elle nourrit cet amour, calme cependant, incessant et pur comme le ciel du midi où Dieu l'a fait éclore.

Il y a sans doute des cœurs aimants et ce monde n'est pas encore une mer de glace : mais que d'âmes intérieures, qui craignent de se séparer de leurs propres sentiments en leur faisant passer la barrière des lèvres ! que d'âmes timides à s'épancher et dont l'effusion redoute le bruit de la parole ! Eugénie de Guérin a tout ; elle n'est pas seulement la dame de charité d'Andillac, allant visiter les pauvresses sous leur toit et les petits enfants malades ; à cette active rêveuse, il faut plus encore. Elle lit Bossuet, Leibnitz, Pascal et Victor Hugo ; elle écrit, elle écrit sans cesse à la riante, causante, égayante et dansante Louise de Bayne, la jeune fille à l'œil de feu, l'habitante des froides montagnes, la recluse de Reyssac, à Mme de de Maistre, caractère oriental, âme ardente dans un beau corps que la maladie épuise. Oui, cette plume qui trotte, qui trotte sans fin ni trève, va droit au but. Ce n'est pas une plume légère ; l'encre qui en sort est féconde, elle noircit le papier de bonnes et religieuses pensées ; cette plume égaye l'esprit, fortifie la volonté, console le cœur. Il en coule une parole aimable avec gravité, toujours simple, souvent émue, vive et preste, rapide comme l'aile, transparente comme une eau pure, souvent originale.

« Je compare, écrit-elle, mon cœur à un rayon d'abeilles, tout petites logettes pleines de miel. Le miel, c'est vous, c'est Louise, douces âmes, que Dieu m'a fait trouver dans le chemin de la vie. »

Mais pour parler la langue d'Eugénie, nous n'avons pas encore observé le plus précieux miel que renfermait son cœur.

« Maurice va partir, dit-elle, j'ai garni sa malle comme un cercueil qui va s'en aller tout-à-l'heure. »

Nous voici enfin dans la vie intime, vraie, féconde d'Eugénie ; nous pouvions nous imaginer connaître son âme, et nous n'en avions vu que la surface, saisi que les contours.

Ces divers amours dont son cœur brûle pour la famille, pour les amis, pour les pauvres, pour la nature, ne sont que les reflets et comme les rayonnements affaiblis d'un amour unique, profond, absolu, l'amour de son frère Maurice. Je vous dirais volontiers que de son cœur je vous ai d'abord fait voir les richesses extérieures ; aujourd'hui c'est le vase lui-même et sa divine liqueur dont je veux délecter vos regards et répandre le parfum sur vos âmes Et cet amour, dont je vais vous parler, avait en Dieu la source de sa flamme ardente ; c'est pourquoi il est digne d'être offert à l'encens de votre admiration. Amour heureux et fertile d'une sœur dont l'âme, presque séparée d'elle-même, n'aime plus pour soi, renonce à soi pour ne s'occuper que de l'objet de cet amour et lui donner toutes les joies auxquelles elle se dérobe, amour sublime et simple à la fois, qui ne paraît point aux yeux des hommes, amour qui germe au sein des familles chrétiennes à l'ombre des traditions antiques et n'a que l'obscurité pour récompense, je voudrais vous donner un peu de gloire humaine, en un temps où le théâtre et le roman, nous montrent haussées sur leurs impurs cothurnes tant d'héroïnes, victimes de leurs époux et consolées par leurs amants !

Mais ce frère aimé dont le nom ressort à chaque page dans les lettres d'Eugénie et trahit une préoccupation incessante de son cœur, il nous est temps d'en parler. Il remplit le journal d'Eugénie, journal moins discret que les lettres, plus mouillé de larmes, moins achevé et plus touchant.

L'amour n'a jamais parlé une langue plus nourrie de pensées, de sentiments, plus avare des formes de l'enthousiasme et des écarts de l'imagination. Pardonnez-moi une expression très ordinaire, Eugénie aime bonnement ; elle n'est pas obligée d'avoir la main sur le cœur et les yeux aux étoiles pour se souvenir de Maurice. Tout le lui rappelle, la mort aussi bien que les détails les plus simples de la vie ; elle est ange et femme, Eugénie, elle habite le ciel et la terre. « Je rentre pour la pre-« mière fois dans cette chambrette où tu étais encore ce matin. « Que la chambre d'un absent est triste ! On le voit partout « sans le trouver nulle part. Voilà sa table toute garnie, le mi-« roir suspendu au clou, un livre que tu lisais hier au soir « avant de t'endormir, et moi qui t'embrassais, qui te voyais, « te touchais. Qu'est-ce que ce monde où tout disparaît ? Mau-« rice, mon cher Maurice, oh ! que j'ai besoin de toi et de « Dieu ! »

III.

MAURICE.

Eugénie, plus âgée de cinq ans que Maurice, lui a fait faire ses premiers pas. Élevé longtemps dans la solitude, loin des joies bruyantes de son âge, il a contracté un fond de tristesse, une timidité presque invincible ; lancé dans les colléges, ensuite jeté dans le tourbillon de Paris, avec une santé délicate, une âme ardente, une imagination impressionnable, il fait son droit sans goût, rêve, endormi sur le code, poésie et politique, écrit d'une manière admirable, personnelle à 18 ans ; déjà mille sen·timents l'assiégent, l'accablent, l'écrasent. Mais ce penseur précoce, ce contemplatif, ce peintre amoureux de la nature, manque de suite et de fermeté dans ses desseins, ou plutôt l'habileté des médiocres lui fait défaut ; flottant, nuageux, in-décis comme la vague lumière du crépuscule, assez vif à l'es-pérance, promptement abattu, il désire la gloire des lettres, la poursuit mais sans force et se décourage avant d'avoir lutté: il n'a pas la conscience nette de lui-même et de son mérite ; il s'exagère celui des autres et amoindrit le sien ; non seulement il n'a pas l'ombre d'une pensée d'orgueil, mais il est humble, il l'est jusqu'à dépasser les bornes de l'humilité ; on l'aime cependant. Tant de douceur et de poésie, tant d'ardeur et d'imagination dans un cœur, je dirai dans une enveloppe aussi fragile, émeuvent. On n'en peut vouloir à la volonté, d'avoir quelquefois été impuissante, dans un corps aussi beau et aussi frêle. Au fond, ce monde qui par instants l'enivre et dont il espère les louanges, il l'aime peu, et quelque malheureux ou abandonné qu'il soit de la fortune, il trouve toujours un bonheur secret à se recueillir en lui-même, à se réfugier dans les profondeurs de son imagination, loin du bruit, à jouir de ses larmes ; et c'est alors peut-être qu'il est le plus heureux. La nature le console, j'ose dire qu'elle répond à son amour, à ses embrassements, sans le blesser jamais ; elle n'a pas pour son cœur impressionnable l'ironie écrasante et l'inconstante faveur du monde et sa beauté grave ne se refuse jamais à l'étreinte de son regard Il a cependant aimé ce rêveur ; je ne me trompe pas ; c'est Mlle Louise de Bayne, l'amie d'Eugénie, qui a attiré à elle ce mélancolique par le charme puissant de sa gaîté et de son sourire. J'en prends à témoin ces vers qui sont nés d'un souvenir du Reysac :

> Un jour des planes campagnes
> Vers le sentier des montagnes
> S'en allait un cavalier ;
> Bien que la chaleur fût dure,
> Il essoufflait sa monture,
> En gravissant le sentier
> Ce rapide cavalier.
> Un jour dans une vallée,
> Le long d'une onde voilée,
> Tous deux allaient chevauchant ;
> On voyait du plus timide
> L'autre gouverner la bride,
> L'un vers l'autre se penchant...
> Il s'en allaient chevauchant...
> Pauvre âme, fais un retour
> Sur cette histoire d'amour.

Cette histoire d'amour dura-t-elle ? Hélas ! un peu plus que la fleur née d'une poussière divine au printemps.

Ce caractère de Maurice, que j'ai tâché de dessiner, la pénétrante Eugénie l'avait bientôt sondé. Elle avait compris jusqu'où pouvait entraîner son frère « cette fusion des impressions calmes de la nature avec les rêveries orageuses du cœur, et qui engendre comme une extase tempérée qui ravit l'âme hors d'elle-même, sans lui ôter la conscience d'une tristesse permanente. » (C'est Maurice qui parle). « Il arrive aussi, ajoute-t-il, que l'âme est pénétrée insensiblement d'une lan-

gueur qui assoupit toute la vivacité des facultés intellectuelles
et s'endort dans un demi-sommeil, vide de pensées, dans lequel
elle se sent la puissance de rêver les plus belles choses du
monde. »

Aussi Eugénie, l'amie, la confidente, est-elle à son poste au
seuil de cette âme vacillante. Elle lui reproche doucement « de
s'égarer en de vagues rêveries et de se laisser entraîner à une
imagination romantique. »

IV.

LA CHENAIE.

En 1832, Maurice a 22 ans; las de Paris et de ses courtes
ivresses, fatigué de ses petites déceptions d'auteur aspirant, il
a trouvé à la fois moyen de satisfaire les besoins de son intelligence, sa soif de progrès, ses goûts de recueillement. Le Pari-
sien s'est fait presque trappiste. par une de ces révolutions
naturelles aux hommes de trop de cœur et d'imagination. Il
est à la Chenaie, chez M. Félix de Lamennais. La Chenaie est
en Bretagne, pays à l'aspect triste, grandiose, religieux, où
le désert de la lande rappelle l'infini de l'Océan, où l'Océan bat
les côtes et fait penser à Dieu que l'œil cherche dans les loin-
tains de ses horizons, comme l'âme l'entrevoit dans ses plus
secrètes profondeurs.

La demeure hospitalière où M. de Lamennais recueillait en
une sorte de congrégation les disciples qui devaient prolonger
l'écho de sa pensée, régénérer le monde et créer l'avenir de
l'humanité « cette demeure est, dit Maurice, entourée, cernée,
« pressée, étouffée par les bois... Les mouvements du terrain
« sont si légers, que c'est presque une plaine, en sorte qu'il est
« rare de trouver un horizon un peu large, et quand on le
« trouve, c'est l'immense uniformité que présente la surface
« des forêts. Les arbres gris se perdent dans un ciel gris... La
« maison est coiffée d'un toit aigu à mansardes... Devant le
« château s'étend un vaste jardin, coupé par une terrasse plan-
« tée de tilleuls, avec une toute petite chapelle au fond ; il est
« vêtu de blanc comme celui de Reysac (où habite Louise de
« Bayne) et se laisse entrevoir, comme lui, dans le lointain, à
« travers les clairières. »

« C'est là, dit Eugénie, que Maurice est heureux comme en
« paradis dans sa solitude; tous ses moments sont remplis par
« l'étude et la prière »

Mais voici le portrait du grand écrivain ; c'est Maurice qui
parle : « Il est, dit-il, petit, grêle, pâle, yeux gris, tête oblon-
gue, le front profondément sillonné de rides qui descendent
entre les deux sourcils jusqu'à l'origine du nez, tout habillé
de gros draps gris des pieds à la tête ; quand nous sortons
pour la promenade, marchant toujours en tête, coiffé d'un mau-
vais chapeau de paille vieux et usé ! » L'âme est plus extraordinaire encore. « Les saillies les plus vives, les plus perçantes,
les plus étincelantes, les plus incisives, avec les rapproche-
ments les plus neufs, les plus profonds ; philosophie, politique,
voyages, anecdotes, historiettes, plaisanteries, tout cela sort de
sa bouche sous les formes les plus originales, les plus saillan-
tes... Il s'entend à maligner, ses yeux luisants pivotent comme
des escarboucles sur son cou : vous entendez une voix, tantôt
grave, tantôt rugueuse et parfois de longs éclats rires aigus :
C'est tout l'homme. » Et parmi quels hommes ! M. de Lacor-
daire, imposante figure qui ne fait que passer dans la vie de
Maurice, l'abbé Gerbe, figure pâle, large front...! l'abbé Rorba-
cher, aux larges épaules, à gros traits ; mais cette enveloppe
cache une grande science; Elie de Kertanguy, Bas-Breton, grand
et beau jeune homme, accompli de tout point, l'ami de Maurice,
le soutien de sa timidité, sa force, quand le maître est là qui
lui inspire je ne sais quel frisson... Edmond de Cazalés, plus
tard prêtre, du Breil de Marzan, mort dans sa fleur, presque
tous disparus ! tant d'autres que Lamennais domine du haut de
son esprit despotique et de son génie, mais tous inquiets, tandis
que le maître s'isole de plus en plus dans les écarts de sa pensée!!!

... « Il y a bien de l'amertume dans l'âme de Lamennais, dit
Maurice ; il est bien amer pour son génie de voir sa pensée si
mal comprise... il souffre : « Savez-vous, s'écrie le maître, pourquoi l'homme est la plus souffrante des créatures ? C'est qu'il a
un pied dans le fini et l'autre dans l'infini.... Qu'il est écartelé
non pas à quatre chevaux, mais à deux mondes. » Maurice
souffre aussi..... « Une lettre d'Eugénie qui m'est arrivée dans
le plus fort de l'accès, m'a fait le plus grand bien... mais il fallait
que la crise eût son cours. »

M. de Lamennais le fascine. Sa candeur n'a pas le secret de

certains mystères de l'âme ; son admiration naïve le garantit de la défiance. La nature où il ne goûte qu'un repos troublé, de nouvelles amitiés, une correspondance fréquente avec Eugénie, l'étude, les souvenirs du Raysac et de Louise à la douce voix d'argent, encore plus, l'éternelle souffrance d'une imagination toujours émue, l'absorbent, émoussent la pointe de sa pénétration... il ne s'aperçoit pas qu'un à un disparaissent pour ne plus revenir les disciples effrayés... La solitude s'étend, les paroles d'un croyant descendent comme l'éclair sinistre sur cet asile qui était naguère celui de la paix, de l'étude et du silence. Mais Maurice n'a que des larmes pour ce maître infortuné qui dessine un jour une tombe sur le gazon, en disant : « C'est là que je veux reposer, mais point de pierre tumulaire... un simple banc de gazon... Oh ! que je serai bien là !!! »

Cependant le drame s'avance. M. de Lamennais va partir pour Rome... Il quitte Maurice sans l'avoir compris, il l'a à peine entrevu... Il l'a si peu saisi qu'il le nomme un bon garçon assez distingué.

Mais en revanche, une femme a pénétré le maître lui-même. C'est Eugénie : elle le craint pour son frère. « Comment échapper, écrit-elle, à l'influence entraînante et si puissante de M. de Lamennais, quand on le voit et l'entend ! Dieu veuille lui ouvrir les yeux et lui donner la vertu qui manque à l'ange rebelle, l'humilité !

V.

LE VAL

Eugénie va t-elle enfin revoir Maurice ? Non, son chevalier errant, riche de plusieurs amitiés nouvelles, va en conquérir d'autres chez M. de la Morvonnais, où s'écouleront les jours les plus doux de sa courte vie ! Il semble que le val soit le lieu où il eût dû naître et mourir, avec sa belle âme pour contempler et sa sœur pour vouloir ! C'est là que son génie va éclore sous l'influence d'une nature grandiose, d'une solitude animée par la voix de l'Océan et les affections les plus vraies dont il ait été l'objet, loin du Cayla, d'Eugénie, de ce monde léger qui se laisse prendre au faux éclat des gens banals, et dédaigne les timides !

Dieu n'envoyait-il pas Maurice au val pour réparer son âme et

lui rendre quelques forces, lui donner de chastes souvenirs !
Quels hôtes faits pour lui ! « Un homme pieux et poète, nous
dit-il, une femme dont l'âme va si bien à la sienne qu'on dirait
d'une seule, mais dédoublée ; une enfant qui s'appelle Marie
comme sa mère, et qui laisse comme une étoile percer les premiers rayons de son amour et de son intelligence à travers le
nuage blanc de l'enfance ; une vie simple dans une maison an-
tique, l'Océan, qui vient le matin et le soir nous apporter ses
accords. » On était alors en décembre 1833 « lorsque la brume
voilait le lointain des eaux, mais donnait assez d'espace à la
vue pour laisser soupçonner l'infini. »

Il écrivait à Eugénie : « N'admires-tu pas mon étoile. Au moment où je ne savais où porter mes pas, elle s'est mise à mar-
cher devant moi, et va me menant de maisons douces en maisons
douces vers une destinée inconnue. Pourquoi le Cayla est-il si
loin ? et pourquoi faut-il que je n'aie que cette pauvre plume
trempée d'encre pour te parler de mille choses charmantes qui
te raviraient ? Si je pouvais te les retracer au vif ! Je ne pense
pas qu'il y ait au monde de plus doux spectacles et surtout dans
ce siècle d'agitation et de confusion publique qu'un intérieur
de famille plein de calme et respirant le bonheur ! Je sens ce
bonheur bien vivement ici ; il me pénètre, il coule dans mes vei-
nes, il me rend mélancolique à force de douceur ; ici de tous
côtés visages riants, liberté exquise, simplicité de mœurs et
innocence de cœur vraiment digne des temps antiques. Il y a ici
des scènes comme au Cayla, lorsque papa revient le soir fatigué
et mouillé de ses expéditions champêtres.

M. de la Morvonnais, le breton aux longs cheveux, le poète
aux regards suaves, lisait ses vers empreints d'une tendresse de
cœur infinie ; Paul Quemper et Maurice échangeaient leurs
cœurs, dans ces soirées délicieuses. Amédée Duquesnel, auteur
distingué d'une histoire de notre littérature, homme simple à
qui manqua le goût de se faire valoir, ami de cœur des habitants du Val, devinait Maurice ; sa curiosité bienveillante le
forçait dans les derniers retranchements de sa timidité ; et les
délicates effusions répandues dans le fameux *cahier vert*, ami
silencieux et discret de Maurice, les analyses un peu subtiles
d'une âme qui s'interroge sans cesse et se met à la torture pour
s'abaisser, sans parvenir à autre chose qu'à se faire aimer, admirer et plaindre ; ces peintures achevées, mais un peu molles
où l'homme a l'air parfois de disparaître devant la puissante

nature, rencontraient au Val des oreilles attentives, des cœurs simples, ouverts au beau, fermés à l'envie. Oui, je n'en doute pas, Maurice, c'est dans cette hospitalière demeure, où j'ai vu de mes yeux votre place et comme entendu l'écho de votre parole, que vons avez vécu votre vie véritable, goûté quelques heures de repos, foulé de nouveau les traces de votre première enfance, revu le Cayla enfin ! c'était bien lui !

En effet, les mêmes cœurs pratiquaient au Val les mêmes vertus que dans la maison de votre père ; le doux regard d'une femme, pure comme les anges, y tempérait vos maladives inquiétudes et les regrets de Reyssac enfant sublime, de mâles amitiés appuyaient votre faiblesse, contenaient les emportements de votre imagination trop amoureuse de la nature et de son charme amollissant... Désormais, votre inspiration, sans perdre l'éclat des beaux soleils du midi, aura plus d'une fois les profondeurs voilées des mers et du ciel de la Bretagne !... Elle devait vous compléter ; elle allait à votre cœur avec sa gravité un peu triste ; elle enrichit votre âme comme le midi avait échauffé votre imagination ! L'un et l'autre pays fondirent leurs impressions dans vos sens, dans votre esprit, dans votre amour ! De même le Cayla et le Val, également épris de vous, n'auront plus qu'une âme ; quand vous ne serez plus, Eugénie cherchera des consolations à sa douleur dans l'amitié de votre ami, dans cette oasis jeté un instant sous vos pas, entre le désert agité de la Chenaie et la mortelle activité de Paris, dans cette solitaire Thébaïde où vous aurez passé un jour, mais heureux et calmé, pauvre amant de l'infini, par l'infini de l'Océan

VI

MAURICE A PARIS.

Maurice quitte, pour ne plus les revoir, la Bretagne, Mordreux, le Val, « le ban des amis, le rocher des causeries, la grève des adieux, cette douce Marie qui s'incline sur la rampe pour le saluer une dernière fois » O pureté des champs, s'écrie-t-il, j'allais sans cesse montant de la nature à Dieu, et redescendant de Dieu à la nature. Je commençais à dominer mes découragements, et à prendre cette belle et noble confiance d'un cœur qui se sent l'ami de Dieu et qui ne saurait s'abattre tant qu'il s'appuie sur ce sentiment. Adieu, adieu, séjour aimé.

Si tu m'aimes et que tu doutes de ma constance, écoute ceci qui te rassurera : « Je perds la moitié de mon âme en perdant la solitude. J'entre dans le monde avec une secrète horreur ! »

Ainsi, Maurice sort du Val, rafraîchi par la brise chrétienne qui s'y mêle à la brise des mers.

Il est à Paris ; la pensée inquiète d'Eugénie l'y accompagne ; la voie où marchent les gens de lettre n'est pas semée de poussière d'or, comme celle des Césars. Oui, malgré les efforts généreux de l'excellent Paul Quemper, Maurice ne peut se suffire. Eugénie, sur les modestes épargnes de la famille, réussit à lui envoyer le nécessaire. Dois-je le dire ? Suis-je indiscret ? pour couvrir d'un bon manteau dans ce Paris lointain et brumeux la poitrine délicate de leur frère, Eugénie et sa sœur souffriront un peu plus de l'hiver. Mais qu'importe ! au foyer du cœur où s'allume dans les âmes le feu divin du sacrifice, elles éprouveront, ces jeunes filles ignorées, je ne sais quel modeste bien-être, secret comme le fut leur bonne œuvre !

Maurice n'en connut l'effort que plus tard ; mais tout l'or de de son esprit ne pouvait lui donner celui qui fait vivre... Il lui fallut des protecteurs pour obtenir une petite place au collége Stanislas, et courir Paris comme répétiteur. Ce fut une grande joie que cet avancement pour Eugénie la forte : « Comme te voilà riche, mon ami, lui écrit-elle, avec tes 1800 francs ! que tes amis soient bénis ! ceux de Bretagne n'en saurons-nous plus rien ? Réponds-moi un mot sur leur compte et n'oublie pas la Chenaie, si tu en sais quelque chose. Crois-tu que je l'aie oubliée ? oh ! non. »

Maurice a surtout emporté de la Bretagne deux chères images, mais bien différentes, celle de Lamennais, et celle de l'ange du Val. Eugénie, plus judicieuse, a fait son choix : elle écrit à la douce Marie ; elle échange des vers avec M. de la Morvonnais, car elle est poète ; Maurice l'est aussi et l'admire, mais nous préférons leur prose à tous les deux ; ils ont fait de beaux vers, ils n'ont pas écrit un poème émouvant, original, tel que, borné même à quelques strophes, il puisse suffire à perpétuer un nom. Car en poésie, la gloire jaillit parfois d'un seul éclair du génie. Une de ces pensées éternelles qui ne se perdent jamais ni dans la vie d'un homme, ni dans la suite des siècles, revêt-elle soudain à nos yeux une forme nouvelle, inattendue, mais simple, claire et sublime à la fois, accessible aux lettrés et aux

vulgaires, et dans le rythme musical d'un vers, le monde entier
s'émeut et l'auteur est immortel. N'eût-il écrit que Milly ou la
terre natale, Lamartine, le grand citoyen, le grand poète, ne
disparaîtrait jamais de la mémoire des hommes ! — Ce n'est
pas ce genre de gloire qui attend Maurice et Eugénie; ce sont
deux prosateurs. Leur style est différent. comme leur caractère,
il est un comme leur cœur ; l'un et l'autre reflètent la nature
dans ses moindres détails ; mais belle, sereine, forte est cette
nature telle qu'Eugénie la comprend; elle en paraît être le cen-
tre et la dominer avec le Dieu que tout lui rappelle, un lever
de soleil, un oiseau, le drap même auquel elle travaille et qui
peut être son suaire !

Voici comme Eugénie peint le premier jour de mai : « C'est
au bel air de mai, au soleil levant, au jour radieux et balsami-,
que que ma plume trotte sur le papier. Il fait bon courir dans
cette nature enchanteresse, parmi fleurs, oiseau et verdure,
sous ce ciel large et bleu du Nivernais. J'en aime fort la gra-
cieuse coupe et ces petits nuages blancs errants çà et là comme
des coussins de coton, suspendus pour le repos de l'œil dans
cette immensité. Notre âme s'étend sur ce qu'elle voit · elle
change comme les horizons, elle en prend les formes, et je croi-
rais aussi que l'homme en petit lieu a petites idées, comme
aussi riantes ou tristes, sévères ou gracieuses, suivant la nature
qui l'environne. Chaque plante tient du sol, chaque fleur tient
de son vase, chaque homme de son pays. »

Le 7 du même mois, Maurice écrit à son tour : « Pluie douce,
il n'y avait pas un souffle dans l'air. La pluie tombait paisible-
ment avec une monotonie qui ne manquait pas de charme. La
feuillée s'inclinait sous l'eau du ciel et chaque goutte en frap-
pant les feuilles, leur imprimait une petite oscillation qui re-
commençait sans cesse. C'était comme un frémissement général
qui avait saisi les massifs de verdure, un tressaillement de joie
et de volupté L'air, imprégné d'une humidité chaude et
chargé de tous les parfums de mai, portait à la longueur, et
blasait presque à force de mollesse et de senteurs tièdes. »

Maurice, on le devine, ne respire plus l'air du Val ; le divin
lui échappe : « Ma misère intérieure gagne, dit-il, je n'ose plus
regarder autour de moi. » Cependant la vie active du collége
l'arrache au découragement, le fortifie ; l'heureuse lassitude
d'un travail réglé élève sa fantaisie loin des nuages, dans
l'azur.

« Comme un enfant en voyage, mon esprit sourit sans cesse à de belles régions, qu'il voit en lui-même et qu'il ne verra jamais ailleurs. J'habite avec les éléments intérieurs des choses, je remonte les rayons des étoiles et le courant des fleuves, jusqu'au sein des mystères de leur génération Je suis admis par la nature au plus retiré de ces divines demeures, au point de départ de la vie immortelle ; là je surprends la cause du mouvement, et j'entends le premier chant des êtres dans toute sa fraîcheur. »

C'est un admirable artiste que Maurice ; il est moins simple que sa sœur, moins charmé des détails ou Eugénie trouve un bonheur d'enfant et qu'elle rend avec une grâce féminine ; mais sa phrase toute harmonieusement composée, toute périodique qu'elle est, tombe à son terme sans effort, et malgré la rare distinction du langage, jaillit d'une source naturelle ; elle reproduit la pensée de Maurice, toujours un peu vague et comme ombragée par la nature, mais toujours élevée, avec la même exactitude qu'un ruisseau sous la forêt reproduit l'ombre flottante des grands chênes....

Poursuivons. Un drame de quelques heures met en deuil le Val ; Mme de la Morvonnais meurt soudain et du manoir emporte tout le bonheur ; la douce Marie, dont l'amitié a peut-être consolé Maurice de Louise de Bayne, brise par sa mort ce cœur aimant, brise à la fois le nerf de sa pensée et de sa volonté. Cette âme de Maurice, rebutée successivement dans ses plus chères affections, cette âme, amoureuse d'amour, ne sait où se réfugier et ne trouve pour abri qu'une résignation découragée ; il veut se faire égoïste ; il essaie d'oublier... Et cependant Eugénie est là, bien près de lui... Mais Maurice, comme la fleur délicate qui ne s'ouvre qu'aux impressions douces de la nuit pour n'avoir pas à se plaindre des ardeurs du jour, Maurice, obligé de vivre, se retire dans la solitude la plus reculée de son cœur, et cherche à ne plus aimer pour ne plus souffrir.

La souffrance est pour Eugénie et le Cayla, où les lettres arrivent plus rares et moins expansives. Paris avec ses mille liens légers a saisi Maurice, et l'a pour ainsi dire rendu étranger à son propre cœur. « Il est, dit-il, enfin sevré de M. de Lamennais, et libre de lui, autant que possible. » Je ne sais quelle amertume perce cependant dans ses paroles.

Il écrit à sa sœur Marie : « Tu penses que je t'oublie ; que je vous oublie... C'est une véritable douleur pour moi, que cette pensée existe chez toi, surtout si quelque chose de ma part en a été l'occasion. Que serait-ce? la rareté de mes lettres? Mais j'écris régulièrement tous les mois; leur forme? Mais je n'y vois rien d'extraordinaire. Quant au reproche de la largeur des marges, avoue-le, n'est-ce pas un enfantillage, et peut-on accuser sérieusement qui que ce soit, pour deux doigts de papier laissés en blanc? C'est regarder les choses à la loupe. Le procès que tu me fais est basé sur des observations microscopiques. » Et cependant Marie ne se trompait pas; la sœur devinait le frère avec la pénétration d'un cœur aimant, avec ce regard inévitable d'une femme qui, dans un monde borné, embrasse facilement tous les détails d'une âme.

Eugénie se plaint doucement à M. de la Morvonnais, à ce noir qui reçoit comme un écho les plaintes du Cayla.

« Maurice vous écrit toujours. Que vous semble-t-il de son âme? Je la trouve triste sans avoir de malheur. C'est le vague de la tristesse, état maladif qui affaisse l'âme, l'affaiblit et la tue à la fin, si elle ne lutte pas contre son mal... Oh! s'il pouvait prier, si je savais qu'il le fît! Dites lui qu'on n'est pas religieux sans prière, qu'on n'est pas heureux non plus! »

Des années se passent; Maurice est moins triste peut-être; il est du monde et moins aimant... il n'a que trop réussi à oublier.

Il mène à Paris deux vies distinctes; il s'est fait de nombreux amis; comment ne l'aimerait-on pas? C'est M. Trébutien qui a tant fait pour sa mémoire. M. Amédée Renée qui l'appelait le malade de l'infini, M. d'Aurevilly qui n'est point le moins original de nos écrivains catholiques; tous enhardissent la timidité de Maurice, excitent sa verve, le préparе à quelque haute conception où sa défiance n'oserait prétendre. Ils ne l'ont pas tout entier; il s'en faut; ils ont des parcelles de son âme.

Paris voit aller et venir un jeune homme dont il possède le corps, l'esprit même, l'activité extérieure; mais la nature a subjugué son cœur; elle domine sa vraie vie intérieure. C'est là le défaut, c'est là l'originalité du frère d'Eugénie; il habite Paris; les forêts, les fleuves, la mer, habitent son imagination... Il emporte avec lui la nature partout où il va; elle le suit partout. Parmi ces Anglais, il embrasse la tige de son lilas dans son petit jardin de Caen d'Anjou « comme le seul être au

monde, contre lequel il pût appuyer sa chancelante nature,
comme le seul capable de supporter son embrassement. »

VII

LE CENTAURE

Un jour enfin, dans un élan de passion, Maurice écrit le Centaure. La faiblesse de son âme et la puissance de son imagination y éclatent. C'est toujours la nature. Il en célèbre les forces
sous des noms empruntés aux récits mythologiques de la Grèce.
Il suppose un premier habitant de la terre, supérieur à l'homme
et qui jouit de cette nature sans souffrir jamais dans une suite
de siècles innombrables. L'homme ne serait qu'un centaure
dégradé, triste, et *peut-être* tout ce qui se meut hors des dieux
immortels, n'est qu'un léger débris de leur nature, emporté au
loin comme la semence qui vole « par le souffle tout-puissant
du destin. » — Ce *peut-être* a bien exercé le génie subtil des
amateurs de panthéisme ; d'un artiste errant à l'aventure dans
les doux pays de l'imagination on a voulu faire un sec et or-
gueilleux philosophe. Je l'affirme; c'est une honteuse critique
celle qui de nos jours s'épuise à rogner la part du bien et n'a
de louanges pour l'esprit qu'aux dépens du cœur, pour le cœur
qu'aux dépens de l'esprit, ne montre de talent que pour dimi-
ner l'âme humaine et ne répand son encre que pour la noircir !

Je reviens au centaure ; ce qui a manqué à l'esprit et au
corps de Maurice, c'est une force modérée et soutenue. Il a
trop vivement senti, il a vite vécu, le feu intérieur qui le brû-
lait à trop brûlé, pour ne pas bientôt consumer son frêle vête-
ment. C'est en un de ces jours de vie désordonnée que, pressé
à la fois par le cœur, par l'imagination et par les sens, il a conçu
et exécuté le Centaure. Voilà toute sa faute. C'est de s'être
écouté avec complaisance, de n'avoir pas endigué l'âme trop
pleine, l'imagination trop vive, d'avoir cédé à l'enchanteresse ;
il lui a manqué à Maurice le fer de la volonté pour tuer la si-
rène.

Mais, du reste, quel éclat d'images ! Quelle justesse poétique
d'expression ! quelle harmonie Virgilienne! quelle grâce Homé-
rique ! quel court et sublime résumé de la nature, reproduite
dans la perfection de sa beauté, dans la plénitude de sa force.
Laissons parler le Centaure lui-même :

« La jeunesse est semblable aux forêts verdoyantes, tourmentées par les vents ; elle agite de tous côtés les riches présents de la vie et toujours quelque profond murmure règne dans son feuillage. Vivant avec l'abandon des fleuves, respirant sans cesse Cybèle, soit dans le lit des vallées, soit à la cime des montagnes, je bondissais partout comme une vie aveugle et déchaînée. Mais lorsque la nuit, remplie du calme des dieux, me trouvait sur le penchant des monts, elle me conduisait à l'entrée des cavernes et m'y apaisait comme elle apaise les vagues de la mer, laissant survivre en moi de légères ondulations, qui écartaient le sommeil sans altérer mon repos. Couché sur le seuil de ma retraite, les flancs cachés dans l'antre et la tête cachée sous le ciel, je suivais le spectacle des ombres. Alors la vie étrangère qui m'avait pénétré durant le jour, se détachait de moi goutte à goutte, retournant au sein paisible de Cybèle, comme après l'ondée, les débris de la pluie attachés au feuillage font leur chute et rejoignent les eaux. On dit que les dieux marins quittent durant les ombres, leurs antres profonds et s'asseyant sur les promontoires, étendent leurs regards sur les flots ; ainsi je veillais, ayant à mes pieds une étendue de vie semblable à la mer assoupie »

Pendant que Maurice écrivait, Eugénie qui l'appelle son aigle priait : Maurice tombe malade ; le Cayla recueille dans sa douce atmosphère pour le rétablir un instant ce malade éternel, dont le cœur a toujours froid et qui aurait dû vivre loin de la terre, sous un printemps perpétuel, parmi des âmes toujours jeunes et accessibles aux mêmes impressions que la sienne !

« Une peine me gâte tout, écrit Eugénie, c'est de voir Maurice malade. Que je vous plains à présent, vous qui avez eu si longtemps et si souvent ce chagrin ! C'est à mon tour. Rien ne lui fait ; la fièvre et la toux vont leur train et font un ravage affreux sur cette pauvre figure... Il n'est plus connaissable. Que je voudrais que Dieu nous le guérît ! »

VIII

MARIAGE DE MAURICE.

L'amour éloigna quelques instants la mort ; Mlle Caroline de Gervan était venue au Cayla avec sa tante ; mais, écoutons

Maurice de retour à Paris ; il est transformé ! ... « Mon cher Paul, je suis venu ici assez bien rétabli et avec un espoir de meilleure fortune. Qu'est-ce à dire et quelle étrange nouveauté est ceci ? Rien, sinon la chose du monde la plus commune, qui se fait tous les jours et par tout pays, un mariage, ici à Paris, avec un enfant qui naquit pour moi, il y a 18 ans, à 6,000 lieues de la France, à Batavia. Elle à nom Caroline de Gervan, de grands yeux bleus, qui éclairent une physionomie fort délicate, une taille des plus déliées, un pied oriental de petitesse ; enfin, un ensemble et gai et fin qui ne vous déplaira pas. »

Toute la lettre est à l'avenant, gaie, confiante : Eugénie est bien plus heureuse encore ; elle est loin de Maurice, moins heureux qu'elle ; jamais un jour entier de bonheur pour lui ; un beau moment parfois, du soleil aux cieux et dans l'âme ; et puis le lendemain, la toux, la tristesse, les pressentiments. Il est prédestiné le pâle artiste, et ses plus brillantes journées sont les plus voisines de sa jeune tombe.

Eugénie accourt à Paris pour le mariage. Ce que nous n'avons pas encore remarqué en elle, c'est une souplesse de caractère qui la plie à toutes les personnes et à toutes les circonstances ; cette souplesse elle la tient de son cœur, elle n'est en si parfaite harmonie avec tous et avec tout, que par la faculté rare de s'oublier et d'entrer dans l'âme de ses amis, de vivre en eux et pour eux.

Eugénie n'avait jamais vu Paris : « on n'a point de corps, dit-elle, on n'a qu'une âme pour voir et admirer ; » cependant avec la justesse d'un esprit supérieur elle ne se laissa point éblouir, trouva beaux les monuments des âges passés, Notre-Dame, St-Eustache, la Ste-Chapelle et tant d'autres, écrivit qu'à St-Roch on chantait des chœurs d'opéras, que Notre-Dame-de-Lorette était un boudoir ; en somme, elle ne se plaignit pas de Paris où chacun est libre, où le bien côtoie le mal ; elle le vit rapidement, le jugea et s'en passa ; car elle était là pour son frère ; elle y vivait comme au Cayla, à la Provinciale ; elle se mêlait cependant avec une aisance parfaite à la frivolité d'un monde nouveau pour rester près de Maurice à une heure si importante de sa vie. Des lettres qu'elle écrit à cette époque, les unes sont riantes, couvertes d'un léger fard de gaieté ; je dis fard, parce que la gaieté n'habite point dans son cœur ; mais elle parle à son père, il ne lui faut que d'heureuses nouvelles !

les lettres adressées à Louise de Bayne et à Mme de Maistre sont empreintes de mélancolie.

« Quel mal il m'a fait quand je l'ai aperçu tout pâle, courant à moi sur la place de Notre-Dame-des-Victoires où je suis descendue ! C'était un si grand bonheur de nous voir ! voilà que ce bonheur est bien triste ! »

Mais elle se rassure. Caroline est un ange ; elle a le caractère si doux, si doux ; cependant Eugénie la trouve moins jolie, moins rose que l'an passé. On le voit, ou bien on le devine, tout son cœur est à Louise de Bayne ; elle a cru la voir au Louvre dans un portrait d'Espagnole. « C'était vous, une tête vive, un visage ovale, un air malin, vos yeux qui me regardaient. — Dans cette amitié doublée d'admiration on soupçonne un regret dans cette admiration un peu forcée pour Caroline, on saisit je ne sais quoi d'indécis.

Le 16 novembre fut le jour solennel du mariage. Eugénie écrivit au Cayla où son père était resté : « Le bon Dieu semble vouloir bénir ce mariage, tant il s'est fait chrétiennement et convenablement. Elle y danse. « Je n'avais pas l'idée d'un bal, ajoutet-il, c'est un enfantillage. Que M. le curé prenne un aspersoir et m'exorcise. »

Eugénie, la sœur de charité, qui soigne l'âme et le corps de son frère, est le type vivant de la femme forte ; ne dirait-on pas un chêne à l'abri duquel s'abrite son frère, un roseau !

Pour Gaillac que ce mariage fut beau ! Sous la plume d'Eugénie, le soleil du jour attendu s'est levé radieux ; c'est un habile artiste ; elle ne ment point ; elle s'efforce de croire à son bonheur.

Son cœur cependant n'a conservé de cette fête qu'une image lugubre. A son entrée dans la salle brillante du bal, elle a cru voir sur les coussins de velours qui la garnissaient une suite de cercueils recouverts de leurs draps mortuaires avec leurs franges d'argent qui pendaient jusqu'à terre. Mais après s'être persuadée, à force d'imagination et d'amour, que Caroline, une excellente personne, est un ange fait exprès pour comprendre Maurice et lui rendre le bonheur, la santé, la vie, elle sort de Paris où elle n'a vu qu'un roi, son frère !

A cette date, nous n'avons plus qu'une lettre de Maurice. Elle est du 8 août 1839. Il y a six mois qu'il est marié ; il s'adresse à Eugénie ; c'est la lettre d'un malade qui ne se sent pas descendre vers la tombe.

« Je vis fort tranquille sous mes rideaux, et attendant avec assez de patience, grâce aux soins de Caro, aux lettres et aux songes, la guérison que m'apportera le soleil. Je me plais assez dans cette séparation presque complète du monde ; car je ne suis pas aussi ennemi de la solitude que tu pourrais le penser, et il y a en moi, bien avant en moi, des goûts et même des besoins que ne désavoueraient pas les amis les plus décidés de la vie de la campagne. Ma gorge me fait moins souffrir. »

IX

RETOUR AU CAYLA.

Cependant il devait bientôt mourir ! Eugénie est là pour le suivre dans son agonie ! J'abrège et je lui laisse la parole :

« Ce fut le 8 juillet, 20 jours après le départ de Paris, vers six heures du soir, que nous fûmes au Cayla, terre d'attente, lieu de repos de notre pauvre malade. Dans les premiers transports de joie, à la vue du château, il serra la main d'Erembert, qui se trouvait près de lui. Il nous fit signe à tous comme d'une découverte. Je voyais tout tristement dans ce triste jour, jusqu'à ma sœur, jusqu'à mon père, qui nous vinrent rejoindre à quelque peu de distance ; affligeante rencontre ! Mon père fut consterné, Marie pleura en voyant Maurice. Il était si défait, si changé, si pâle, si branlant sur ce cheval, qu'il ne semblait pas animé. C'était effrayant ! le voyage l'avait tué.

« Cependant il avait des mieux passagers des espèces de soubresauts vers la vie. Ce fut dans un de ces moments qu'il se mit lui-même au piano et joua un air, pauvre air que j'aurai toujours dans le cœur !

« La veille fatale, il dîna encore avec nous, hélas ! dernier dîner de famille..... Peu après, le pauvre malade se levait avec peine pour passer dans la chambre à côté. « Je suis bien bas » parlant comme à lui-même.

« Je l'entends cet arrêt de mort de sa bouche, sans lui rien répondre, sans y croire peut-être, j'en fus frappée.

« La nuit fut mauvaise. J'entendais sa femme lui parler souvent..... M. le curé arriva .... on voyait Maurice pénétré et recueilli...., Hélas ! dernier recueillement de l'âme.

« Nous allions et venions, ma sœur et moi, pour les arrangements convenables dans cette chambre qui s'allait changer en église..... Sa femme, avec la tristesse et la piété d'un ange, lui récitait les prières de la communion, qui sont si belles, et celles des mourants, si touchantes !

« Mais je veux achever ce douloureux mortuaire. Il vivait encore, il nous entendait..... Il colla ses lèvres à une croix que lui présentait sa femme ; après quoi nous nous mimes tous à le baiser et lui à mourir.

X

CONCLUSION.

Maurice dans la tombe n'est pas mort pour Eugénie, il n'a que disparu ; elle continue son journal à Maurice au ciel. Elle a travaillé pour son cœur, elle va travailler pour sa gloire. Ténacité sublime dans un amour pur et dont plus d'une femme donnera encore l'exemple !....

Du bonheur, Eugénie n'en goûtera plus ; elle gardera la paix, la même vaillance à remplir ses devoirs, la même affection pour les siens, la même tendresse pour ses amies ; comme naguère un trait vif jaillira de son esprit, et sa gaieté même égayera les autres ; mais tout, suivant son expression, partira d'un cœur mort ; rien ne la touchera plus profondément qu'un cœur mort, Maurice !

Quelles épreuves redoublées... elle est bien loin de son automne que déjà tout ce qui faisait la parure de sa vie tombe à ses côtés..... Louise de Bayne, autrefois si gaie, devenue la femme d'un colon, va mourir jeune et désabusée en Afrique, sur les confins du désert Madame de Maistre ne peut plus même écrire à Eugénie ; le silence se fait autour d'elle insensiblement ; les derniers échos des beaux jours de sa jeunesse expirent sur des tombes prématurées ; elle n'en entend que davantage la voix intérieure, et l'image de Maurice se dessine, se peint mieux, s'étend pour ainsi dire dans le vide immense de son cœur.

Au sein de la famille, où elle goûte quelque répit à sa dou-

leur, dans cette paix funèbre elle poursuit sans relâche s
œuvre ; il ne lui suffit pas de retenir la vie de Maurice da
son cœur ; elle le rêve vivant dans le cœur des hommes !

M. Barbey d'Aurevilly, le frère aimé de son frère, et M. Tréb
tien s'émeuvent de tant d'amour, sentent le leur se raviver
viennent au secours d'Eugénie. M. de la Morvonnais, auquel j
dis elle confia son frère et qui recueille aujourd'hui ses larm
ses souvenirs, n'est pas le moins ardent protecteur du mort
Enfin Maurice, obscur pendant sa vie, sort de son tombeau, ill
miné d'un pâle rayon de gloire.

Elle aussi, Eugénie s'éteignit, quand elle n'eut plus rien à d
sirer pour son frère..... elle ne voulut rien être que pour lui
Aussi respectons sa fin modeste et n'élevons pas un trophée
fastueuses paroles à la mémoire de celle qui fut humble
chrétienne.

Peut-être aurais-je pu, en fouillant bien avant dans les tr
sors de son cœur et de son esprit, trouver quelques imperfe
tions et vous les faire connaître. La vérité y eût peu gagné et
n'ai pas eu le courage d'être exact à ce point. Un portrait po
être idéal, n'en est pas moins ressemblant ; il nous rappe
l'ami, le père, l'aïeul, la femme aimée dans un de ces jours
une noble pensée animait leur regard, ou leur front resple
dissait de l'éclat divin d'une belle œuvre !

Je serais heureux de vous avoir fait comprendre par la pei
ture fidèle d'une famille où l'on s'aime que les larmes elle
mêmes n'y coulent pas sans quelque douceur.

Pour moi, en quittant mon modeste travail, si je regarde
arrière dans le vague de mes souvenirs, je repose mon cœ
avec une volupté sereine, sur cet intérieur obscur que la foi
la vertu illuminent, comme le soleil darde à midi ses pl
chauds rayons sur l'humble vallée qu'il féconde. Puissé
avoir ressuscité dans votre mémoire émue, un ami, un frèr
enseveli autrefois avec vos larmes dans sa jeune tombe, a
jours heureux de votre jeunesse, ou bien une mère, une sœu
dont le regard vivant malgré la mort, et brillant dans la n
de votre passé, a plus d'une fois allumé une pensée dans vot
âme, éclairé votre avenir d'un rayon d'espoir, fécondé vot
vie, ranimé votre courage. Hommes, en effet, que de fo
n'avons-nous pas ravivé nos forces ou celles de nos fils au f
sacré que brûle dans un vase fragile : un cœur de femme.